ZORG VOOR JE EMOTIES EN JE GEEST

BELANGRIJKE GIDS VOOR JE GEZONDHEID EN MENTAAL WELZIJN .

2

Vrolijk

ZORG VOOR JE EMOTIES EN JE GEEST 1

BELANGRIJKE GIDS VOOR JE GEZONDHEID EN MENTAAL WELZIJN 1

VOOR 10

Welke kenmerken karakteriseren de geestelijke gezondheid het meest nauwkeurig? 10

Wat zijn psychische aandoeningen? ....elf

Veel psychische problemen 11

Veelvoorkomende mythen over psychische aandoeningen 12

Wat is een illustratie van hoe de geest en het lichaam op elkaar inwerken? 14

geestesziekte 15

Enkele voorbeelden van psychische aandoeningen zijn depressie, angststoornissen, schizofrenie, ...15

Wat veroorzaakt psychische problemen? 17

Het volgende kan bijvoorbeeld bijdragen aan een periode van slechte geestelijke gezondheid: 17

Waarom is het belangrijk om naar een professional in de geestelijke gezondheidszorg te gaan? 18

Hoe kan ik deskundige hulp krijgen? ......winden

Hoe weet je of iemand gespecialiseerde hulp nodig heeft? ....winden

De voordelen van meditatie voor de geestelijke gezondheid 21

Ik blijf focussen op het hier en nu 22

Door je te concentreren op het hier en nu, kun je je mentale gezondheid verbeteren en stress verminderen. 22

Verminder stress en angst 23

Wat zijn de voordelen voor de geestelijke gezondheid van zelfbewustzijn? 24

Emotionele intelligentie en geestelijke gezondheid: een relatie 26

Geestesziekte en emotionele intelligentie .26

Positieve geestelijke gezondheid en emotionele intelligentie 27

Manieren om met stress om te gaan. 28

Stress komt in twee verschillende vormen voor: 29

4

vechten of vluchten 30

effecten van hoge stress 31

Wat betekent de term "positieve psychologie"?
....32

Wat zijn drie voorbeelden van een goede
geestelijke gezondheid? 3.4

Hoe is mentale gezondheid gerelateerd aan
geluk? 35

Wat betekent veerkracht in de geestelijke
gezondheid? 35

Wat zijn de vijf pijlers van veerkracht in de
geestelijke gezondheid? 36

Hoe vergroot je je mentale kracht? 36

Wat houdt een voedingsverbinding in? 37

Wat voor soort verbinding zou als stimulerend
worden beschouwd? 38

Welke psychische aandoeningen veroorzaken
angst? 38

Wat zijn de vier vormen van geestesziekte en de
vijf soorten angststoornissen? 40

Wat zijn de vier coping-mechanismen voor
angst? 40

5

Wat is een stemmingsstoornis in termen van geestelijke gezondheid? 41

Wat maakt depressie anders dan andere stemmingsstoornissen? 42

Hoe herken je een depressie? 42

Hoe kunnen professionals in de geestelijke gezondheidszorg depressie herkennen? 43

Kunnen verlies en rouw psychische aandoeningen veroorzaken? 43

Hoe is de mentale gezondheid van tieners? ...44

Waarom is de geestelijke gezondheid van adolescenten belangrijk? ....Vier vijf

Welke invloed heeft dit op het mentale welzijn van volwassenen? 46

Welke psychische aandoeningen komen vaak voor in de late volwassenheid? 47

Wat is het verband tussen eenzaamheid en isolement? 48

Hoe ga je om met isolement en eenzaamheid? 49

veelvoorkomende mythen over psychische aandoeningen ....

Wat is een illustratie van hoe de geest en het lichaam op elkaar inwerken? 7

geesteziekte 7

Enkele voorbeelden van psychische aandoeningen zijn depressie, angststoornissen, schizofrenie, ...8

Wat veroorzaakt psychische problemen? 9

Het volgende kan bijvoorbeeld bijdragen aan een periode van slechte geestelijke gezondheid: 9

Waarom is het belangrijk om naar een professional in de geestelijke gezondheidszorg te gaan? ....tien

Hoe kan ik deskundige hulp krijgen? 12

Hoe weet je of iemand gespecialiseerde hulp nodig heeft? 12

De voordelen van meditatie voor de geestelijke gezondheid 13

Houd de focus op het hier en nu 13

Door je te concentreren op het hier en nu, kun je je mentale gezondheid verbeteren en stress verminderen. 14

Minder stress en angst 15

Wat zijn de voordelen voor de geestelijke gezondheid van zelfbewustzijn? ....zestien

Emotionele intelligentie en geestelijke gezondheid: een relatie 18

Geesteziekte en emotionele intelligentie .18

Positieve geestelijke gezondheid en emotionele intelligentie 19

Manieren om met stress om te gaan. .....winden

Stress komt in twee verschillende vormen voor: 21

vechten of vluchten 22

Gevolgen van hoge stress 23

Wat betekent de term "positieve psychologie"? 24

Wat zijn drie voorbeelden van een goede geestelijke gezondheid? 26

Hoe is mentale gezondheid gerelateerd aan geluk? 26

Wat betekent veerkracht in de geestelijke gezondheid? 27

Wat zijn de vijf pijlers van veerkracht in de geestelijke gezondheid? 28

Hoe vergroot je je mentale kracht? 28

Wat houdt een voedingsverbinding in? 29

Wat voor soort verbinding zou als stimulerend worden beschouwd? 29

Welke psychische aandoeningen veroorzaken angst? 30

Wat zijn de vier vormen van geestesziekte en de vijf soorten angststoornissen? 31

Wat zijn de vier coping-mechanismen voor angst? 31

Wat is een stemmingsstoornis in termen van geestelijke gezondheid? 32

Wat maakt depressie anders dan andere stemmingsstoornissen? 33

Hoe herken je een depressie? 33

Hoe kunnen professionals in de geestelijke gezondheidszorg depressie herkennen? 3.4

Kunnen verlies en rouw psychische aandoeningen veroorzaken? 3.4

Hoe is de mentale gezondheid van tieners? ...35

Waarom is de geestelijke gezondheid van adolescenten belangrijk? 36

Welke invloed heeft dit op het mentale welzijn van volwassenen? 37

Welke psychische aandoeningen komen vaak voor in de late volwassenheid? 37

Wat is het verband tussen eenzaamheid en isolement? 38

Hoe ga je om met isolement en eenzaamheid? 39

VOOR

Welke kenmerken karakteriseren de geestelijke gezondheid het meest nauwkeurig?

Alle aspecten van ons fysieke, mentale en spirituele welzijn worden beschouwd als onderdeel van onze mentale gezondheid. Het beïnvloedt onze houding, emoties en gedrag. Het beïnvloedt ook hoe we omgaan met stress, omgaan met mensen en het nemen van goede beslissingen. Van adolescentie tot volwassenheid, iedereen zou een goede geestelijke gezondheid moeten behouden.

Wat zijn psychische aandoeningen?

veel mentale problemen

- Woede.

- Legt uit wat boosheid is en geeft tips om er op een productieve en gezonde manier mee om te gaan.

- bipolaire stoornis,

- lichaamsdimorfe stoornis (BDD),

- borderline persoonlijkheidsstoornis (BPS), angst- en paniekaanvallen, depressie,

- Body Dysmorphic Disorder (BDD) enzovoort.

- Dissociatie en aanverwante stoornissen.

- eet problemen

Veelvoorkomende mythen over psychische aandoeningen

• "Jongeren en kinderen hebben geen psychische problemen" is een wijdverspreide mythe.

• Naar schatting hebben meer dan zes miljoen jongeren in de Verenigde Staten een psychische aandoening die iemands vermogen om thuis, op school of in de gemeenschap te functioneren ernstig belemmert.

• Mythe: "Degenen die geestelijke gezondheidszorg nodig hebben, moeten worden gescheiden in instellingen."

• Feit: Met een verscheidenheid aan ondersteunende diensten, behandelingen en/of medicijnen zijn de meeste mensen nu in staat om een volledig leven te leiden in hun gemeenschap.

• Het idee dat iemand die een psychische aandoening heeft gehad nooit normaal kan zijn.

• Mythe: "Mensen met een psychische aandoening zijn gevaarlijk."

• De meeste mensen met een psychische aandoening plegen geen geweldsdelicten. Wanneer geweld voorkomt, is dat meestal om dezelfde redenen als bij de algemene bevolking, zoals gevoelens van intimidatie of overmatig alcohol- en/of drugsmisbruik.

- Mythe: "Mensen met een psychische aandoening kunnen ondergeschikt werk doen, maar ze zijn niet gekwalificeerd voor echt belangrijk of verantwoordelijk werk. »

- Feit: Afhankelijk van individuele capaciteiten, achtergrond en motivatie zijn mensen met psychische stoornissen, net als iedereen, in staat om op elk niveau te werken.

Wat is een illustratie van hoe de geest en het lichaam op elkaar inwerken?

Je gedachten en gevoelens zijn met elkaar verbonden. En hoe denk je dat het je gevoelens kan veranderen. Hoe je lichaam reageert op stress is een voorbeeld van deze verbinding tussen lichaam en geest. Regelmatige spierspanning, pijn, hoofdpijn en buikpijn kunnen worden veroorzaakt door constante angst en stress in verband met werk, geld of andere problemen.

Mentale ziekte

Soms psychische stoornissen genoemd, ze zijn een brede categorie van aandoeningen die uw emoties, gedachten en gedrag beïnvloeden.

Enkele voorbeelden van psychische aandoeningen zijn depressie, angststoornissen, schizofrenie,

- eet problemen
- en dwangmatig gedrag.
- schending van de mensenrechten,
- Racisme,
- En stigma is ook gebruikelijk.

- De meest voorkomende psychische aandoeningen zijn angststoornissen, depressie, bipolaire stoornis, PTSS en andere stoornissen.
- neurologische problemen.
- Schizofrenie.
- eet problemen
- dissociatieve stoornissen
- En storend gedrag.

Wat veroorzaakt psychische problemen?

Er zijn verschillende mogelijke oorzaken van psychische problemen. Hoewel sommige mensen door bepaalde dingen meer worden beïnvloed dan anderen, zullen veel mensen waarschijnlijk worden beïnvloed door een complexe combinatie van omstandigheden.

Het volgende kan bijvoorbeeld bijdragen aan een periode van slechte geestelijke gezondheid:

• Sociaal isolement of eenzaamheid, kindermishandeling, trauma of verwaarlozing, vooroordelen en stigmatisering, inclusief racisme

- Armoede, sociaaleconomische tegenspoed of verlies van schulden (verlies van een dierbare)
- Ernstige of langdurige stress, langdurige lichamelijke gezondheidsproblemen, werkloosheid of baanverlies
- huisvestingsproblemen of dakloosheid
- Word iemands langdurige verzorger
- Alcohol- en drugsgebruik Ernstig trauma in het volwassen leven, p. B. een militaire operatie, deelname aan een groot evenement waarbij gevreesd werd voor het leven of het slachtoffer van een geweldsmisdrijf

Waarom is het belangrijk om naar een professional in de geestelijke gezondheidszorg te gaan?

Er is moed voor nodig om hulp te zoeken bij de geestelijke gezondheidszorg. ook handig Vermindert de gevoeligheid voor verschillende gezondheidsproblemen.

Andere fysiologische problemen kunnen het gevolg zijn van psychische problemen. Obesitas, spijsverteringsproblemen en andere ziekten worden in verband gebracht met slaapgebrek en slaapstoornissen. Uw risico op het ontwikkelen van andere gezondheidsproblemen wordt verkleind als u zo snel mogelijk een behandeling zoekt.

Hoe kan ik deskundige hulp krijgen?

Waar vindt u gediplomeerde professionals in de geestelijke gezondheidszorg - Geestelijke gezondheid...

Als jij of iemand van wie je houdt klaar is om professionele hulp te zoeken, overweeg dan deze alternatieven voor het PSSM-programma.

• Neem contact op met uw huisarts.

• Raadpleeg een specialist in de geestelijke gezondheidszorg.

• Zoek een gecertificeerde deskundige partner.

• Bel onmiddellijk een psychiater.

Hoe weet je of iemand gespecialiseerde hulp nodig heeft?

- Teken dat je een privé consult wilt

- gevoel van spanning

- Ik voel me overweldigd door alles in het algemeen.

- Je denkt teveel na en vindt het moeilijk om je gedachten 'uit te zetten'.

- Ik ben depressief en huil meer dan normaal.

- Word je vaker boos of vind je het moeilijk om je emoties onder controle te houden?

- Minder of meer slapen dan normaal.

De voordelen van meditatie voor de geestelijke gezondheid

Door zich te concentreren op het huidige moment, bewustzijn en acceptatie te bevorderen en emotionele zelfbeheersing te ontwikkelen, verbetert mindfulness-meditatie de geestelijke gezondheid.

Ik blijf me focussen op het hier en nu
Focussen op het huidige moment is een van de fundamentele principes van mindfulness-meditatie. Dit omvat het focussen op het huidige moment zonder te oordelen of je door angsten uit het verleden of de toekomst te laten afleiden.

Door je te concentreren op het hier en nu, kun je je mentale gezondheid verbeteren en stress verminderen.

Je kunt deze vaardigheid tijdens het mediteren oefenen door aandacht te besteden aan je ademhaling. Laat je niet afleiden door na te denken over wat er nu moet gebeuren of door je zorgen te maken over iets dat al is gebeurd, en concentreer je alleen op elke inademing en uitademing.

Verminder stress en angst

Het is onmogelijk om de effectiviteit van mindfulness-meditatie voor het verminderen van stress en angst te overschatten, aangezien het een nuttige strategie is voor het beheersen van de geestelijke gezondheid.

Door de geest te leren zich te concentreren op het huidige moment, helpt mindfulness-meditatie deze ongemakkelijke gevoelens te verminderen. Zonder kritiek of reflectie bevordert deze techniek het bewustzijn en de acceptatie van onze ideeën en gevoelens.

Mindfulness-meditatie stelt je bijvoorbeeld in staat om overweldigende gevoelens van angst of onzekerheid over een snel naderende deadline voor een werkproject te erkennen, terwijl je je aandacht opnieuw richt op dingen waarover je controle hebt, zoals je ademhaling of andere lichamelijke gewaarwordingen, in plaats van zinloos te worden. zorgen .

Wat zijn de voordelen voor de geestelijke gezondheid van zelfbewustzijn?

Begrijp het belang van zelfbewustzijn in de geestelijke gezondheid.

Ons vermogen om onze emotionele triggers te herkennen en te begrijpen hoe we erop reageren, wordt versterkt door zelfbewustzijn. We kunnen onze emoties beter beheersen als we er bang voor zijn. Om onze emoties te beheersen en overreageren te voorkomen , kunnen we technieken gebruiken zoals diep ademhalen, meditatie of lichaamsbeweging.

Emotionele intelligentie en geestelijke gezondheid: een rapport

Geestesziekte en emotionele intelligentie

Onderzoek heeft emotionele intelligentie in verband gebracht met psychische problemen, met name angst en depressie. In het bijzonder is aangetoond dat emotionele intelligentie een verdediging is tegen vele ziekten.

Aangezien emotionele intelligentie helpt om potentiële stressoren beter te begrijpen, is het logisch dat het een immuniserend effect heeft tegen psychische aandoeningen. Dit kan ongemakkelijke gevoelens van overprikkeling verminderen en angstige mensen helpen sneller terug te keren naar een kalmere toestand omdat de omgeving minder gevaarlijk lijkt.

In staat zijn om je gevoelens beter te erkennen, kan iemand met een depressie helpen om volledig om te gaan met moeilijke situaties of verlies. Als gevolg hiervan kan de persoon later in het leven beter rouwen om verloren vaardigheden, doelen of relaties en kan hij het verleden echt achter zich laten.

Positieve geestelijke gezondheid en emotionele intelligentie

Met betrekking tot het potentieel van EQ om te beschermen tegen schadelijke psychische aandoeningen, bleek het verband tussen mentale prestaties en positieve geestelijke gezondheid zwakker te zijn. Er zijn echter aanwijzingen dat sommige componenten van emotionele intelligentie correleren met een groter welzijn.

Manieren om met stress om te gaan.

Wat doe je als een deadline verstrijkt of je auto pech heeft? Negeer aanhoudende stresssymptomen niet, want stress van welke aard dan ook, of het nu chronisch, mild of ernstig is, heeft schadelijke effecten op lichaam en geest. Er zullen onvermijdelijk moeilijke tijden in het leven zijn. Extreme stress, vooral wanneer deze vaak voorkomt, kan echter zijn tol eisen. Onder dergelijke chronische stressvolle omstandigheden kan het risico op depressie en hartproblemen zoals hartaandoeningen toenemen.

Herken wat uw lichaam doormaakt en ontwikkel eenvoudige strategieën om de negatieve gevolgen van dagelijkse eisen te compenseren.

Stress komt voor in twee verschillende vormen:

- Emotionele stress kan worden veroorzaakt door relatieproblemen, werkdruk, financiële problemen, blootstelling aan racisme of een grote verandering in het leven.

- Fysiek: Fysieke stress omvat misselijkheid, ziek zijn, slaapproblemen, herstellen van een ongeluk of problemen met alcohol of drugs.

vechten of vluchten

Plotselinge of langdurige stress activeert het zenuwstelsel en triggert de productie van corticale hormonen en adrenaline, die de bloeddruk, hartslag en bloedsuiker verhogen. Deze veranderingen activeren de vecht-of-vluchtreactie van je lichaam. Het hielp onze voorouders te ontsnappen aan sabeltandtijgers en is nog steeds nuttig om te beschermen tegen gevaren zoals auto-ongelukken. De meeste chronische stress van tegenwoordig, zoals financiële tegenspoed of een moeilijke relatie, houden uw lichaam echter in die verhoogde toestand die een negatieve invloed heeft op uw gezondheid.

effecten van hoge stress

De meesten van ons zullen uiteindelijk onder constante stress minder efficiënt werken. Omdat verschillende onderzoeken chronische stress in verband hebben gebracht met een verhoogd risico op hart- en vaatziekten, beroerte, depressie, gewichtstoename, dementie en zelfs vroegtijdig overlijden, is het belangrijk om de symptomen van chronische stress te herkennen.

- Langdurig slecht slapen.

- Ernstige hoofdpijn die vaak voorkomt.
- Onredelijke gewichtstoename of -verlies.
- Gevoelens van waardeloosheid, desinteresse of isolatie.
- Constante woede en vijandigheid.
- Verminderde motivatie voor activiteiten.
- Constante rusteloosheid of overmatig piekeren.
- Overmatig gebruik van drugs of alcohol.
- Moeilijk te focussen.

Wat betekent de term "positieve psychologie"?

Waarom is positieve psychologie belangrijk en waar gaat het over?

Positieve psychologie is een praktische benadering van topprestaties en de wetenschappelijke studie van het menselijk welzijn. Het wordt ook wel de studie van de kwaliteiten en kenmerken genoemd die het succes van mensen, groepen en organisatics ondersteunen. Het Instituut voor Positieve Psychologie is de bron. Wat betekent positieve psychologie voor geestelijke gezondheid?

De relatie tussen positieve psychologie en geestelijke gezondheid

Geluk, hoop, motivatie, empathie en eigenwaarde zijn centrale ideeën van de positieve psychologie die het menselijk welzijn rechtstreeks verbeteren (Schrank & Slade, 2007). Gekenmerkt door vreugde en een verlangen om zich te gedragen op een manier die vreugde en zelfvoldoening vergroot.

Wat zijn drie voorbeelden van een goede geestelijke gezondheid?

- Het gevoel hebben controle te hebben over je leven en je persoonlijke keuzes is een teken van een goede geestelijke gezondheid.
- Om kunnen gaan met de moeilijkheden en druk van het leven.
- Een gezonde gemoedstoestand, zoals B. het vermogen om aandacht te besteden aan het werk.
- Een positieve kijk hebben op het leven in het algemeen; fysiek goed voelen
- Zorg voor voldoende rust.

Hoe is mentale gezondheid gerelateerd aan geluk?

Over het algemeen laten de onderzoeksresultaten een omgekeerd verband zien tussen niveaus van geluk en de ernst van de geestelijke gezondheid. Hieruit blijkt dat mensen eerder een lager geluksniveau rapporteren als ze hoger scoren op de schaal voor psychische problemen.

Wat betekent veerkracht in de geestelijke gezondheid?

Het vermogen om "terug te stuiteren van tegenspoed" is gebruikt om veerkracht te karakteriseren, een term die de algehele fysieke en mentale gezondheid beschrijft. Positieve psychologie heeft altijd de nadruk gelegd op iemands vermogen om van het leven te genieten en een balans te vinden tussen het nastreven van psychologische doelen en dagelijkse activiteiten.

Wat zijn de vijf pijlers van veerkracht in de geestelijke gezondheid?

Zet u in moeilijke tijden in voor de vijf pijlers van veerkracht Zelfbewustzijn, mindfulness, zelfzorg, gezonde relaties en vastberadenheid zijn de vijf pijlers van veerkracht.

Hoe vergroot je je mentale kracht?

Hoewel verschillende dingen nuttig kunnen zijn voor verschillende mensen, kunt u enkele van de volgende oplossingen proberen:

Groetjes. Vriendelijk zijn voor jezelf kan je in veel omstandigheden helpen om je beter te voelen.
Doe moeite om te ontspannen; Streef uw interesses en hobby's na.
tijd doorbrengen in de natuur.
Zorg voor je fysieke welzijn.

Wat houdt een voedingsverbinding in?

Elke persoon in de verbinding is gebaat bij de zorg en aandacht van anderen, waar alle betrokkenen baat bij hebben. Het gevoel erbij te horen en erbij te horen zijn vaak kenmerken van gezonde relaties. Zorg ervoor dat anderen zich door hen geliefd voelen. Ondersteun het welzijn van anderen.

Wat voor soort verbinding zou als stimulerend worden beschouwd?

Technieken om de relatie te onderhouden.

Doel is een van de meest voorkomende vormen van opvoedgedrag in een relatie. Het enige wat jij hoeft te doen is tijd maken voor je partner. U kunt beginnen met het maken van afspraken, naar de film gaan, wandelen, enz. Deze activiteiten bevorderen de groei van nabijheid in uw relatie.

Welke psychische aandoeningen veroorzaken angst?

Gegeneraliseerde angststoornis, waaronder paniekstoornis met of zonder specifieke angstfobieën, agorafobie, sociale angststoornis, separatieangststoornis en selectieve stilte zijn enkele van de verschillende vormen van angststoornis .

Wat zijn de vier vormen van geesteziekte en de vijf soorten angststoornissen?

De vijf meest voorkomende categorieën angststoornissen zijn: Angststoornissen die kunnen worden behandeld, zijn onder meer obsessief-compulsieve stoornis (OCS), paniekstoornis, een aandoening die bekend staat als posttraumatische stressstoornis (PTSS), sociale angststoornis en de behandeling van angststoornis.

Wat zijn de vier coping-mechanismen voor angst?

1. Voorbeelden van coping-mechanismen
2. Adem diep.
3. Grote spiergroepen zijn gespannen en ontspannen

(progressieve spierontspanning)
4. Geleide beelden of meditatie.

Wat is een stemmingsstoornis in termen van geestelijke gezondheid?

Je emotionele toestand wordt grotendeels beïnvloed door het psychische probleem dat bekend staat als stemmingsstoornis. Bij patiënten met stemmingsstoornissen kunnen extreme emotionele pieken en dalen lang aanhouden. Hoewel er veel soorten stemmingsstoornissen zijn, zijn twee van de meest voorkomende bipolaire stoornis en depressie.

Wat maakt depressie anders dan andere stemmingsstoornissen?

Je energieniveau, cognitief functioneren (bijvoorbeeld snelle gedachten of onoplettendheid), slaappatroon en eetgewoonten kunnen allemaal worden beïnvloed door de symptomen van een stemmingsstoornis. Een van de typische symptomen van depressie is dat je je bijna elke dag depressief voelt. Gebrek aan kracht of een uitgeput gevoel

Hoe herken je een depressie?

Verschillende mensen worden op verschillende manieren getroffen door een depressie. In plaats van blijdschap, verdriet of woede kun je je verdoofd of leeg voelen. Soms kan depressie verschijnen als woede of wanhoop. Kleine problemen lijken ineens groot.

Hoe kunnen professionals in de geestelijke gezondheidszorg depressie herkennen?
De psycholoog zal de houding en het gedrag van een persoon observeren, gedetailleerde vragen stellen over de gemelde symptomen (bijv.

Kunnen verlies en rouw psychische aandoeningen veroorzaken?
Het verliezen van een dierbare kan traumatisch en zeer ingrijpend zijn. Je hebt misschien het gevoel dat je dagelijkse leven tijdens het rouwproces nooit meer hetzelfde zal zijn, wat verwarrend kan zijn.

De meeste mensen zijn eindelijk in staat om hun verlies te accepteren en terug te keren naar het normale leven. Elk pad naar acceptatie is uniek en sommige mensen doen er langer over dan anderen om daar te komen. De meeste mensen voelen uiteindelijk de effecten van pijn op hun geestelijke gezondheid. Bij sommige mensen kunnen de symptomen echter veel ernstiger zijn dan bij andere.

Hoe is de mentale gezondheid van tieners?

Naast depressie zijn er nog andere symptomen van psychische stoornissen bij tieners. Het leven van een tiener kan op veel manieren worden beïnvloed. Tieners met psychische problemen kunnen worstelen met school, het nemen van beslissingen en het behouden van hun lichamelijke gezondheid.

Waarom is de geestelijke gezondheid van adolescenten belangrijk?

Geestelijke gezondheid van adolescenten: waarom is het belangrijk? | cmc

Tieners met psychische problemen zijn kwetsbaarder voor gevaarlijke seksuele activiteiten, die kunnen leiden tot ongeplande zwangerschappen, hiv, soa's en middelenmisbruik, naast andere gedrags- en gezondheidsrisico's. De effecten van een slechte geestelijke gezondheid houden aan tot in de volwassenheid.

Welke mentale eigenschappen definiëren de adolescentie?

De puberteit is een tijd van intellectuele groei, inclusief een groter vermogen om abstract te denken.

impuls controle.

De creativiteit.

Besluitvaardigheid en probleemoplossend vermogen.

Welke invloed heeft dit op het mentale welzijn van volwassenen?

Het beïnvloedt onze houding, gevoelens en acties. Het beïnvloedt ook hoe we omgaan met stress, communiceren met anderen en de juiste beslissingen nemen. Alle levensfasen, van kindertijd en adolescentie tot volwassenheid, zijn essentieel voor het behoud van de geestelijke gezondheid.

Welke psychische aandoeningen komen vaak voor in de late volwassenheid?

Senioren hebben vaak psychische problemen, waaronder dementie, psychose, stemmings- en angststoornissen en eenzaamheid. Veel senioren ervaren slaap- en gedragsproblemen, cognitieve achteruitgang of periodes van verwarring als gevolg van medische aandoeningen of een operatie.

Hoe beïnvloedt de geestelijke gezondheid van adolescenten het volwassen leven?

Als het gaat om hun geestelijke gezondheid als volwassenen, hebben kinderen en adolescenten met psychische problemen over het algemeen een lagere geestelijke gezondheid, tevredenheid met het leven en algehele gezondheidsgerelateerde kwaliteit van leven.

Wat is het verband tussen eenzaamheid en isolement?

Ongeacht de mate van sociale interactie, eenzaamheid is het gevoel alleen te zijn. Het ontbreken van sociale relaties wordt sociaal isolement genoemd. Sommige mensen kunnen zich eenzaam voelen vanwege sociaal isolement, terwijl anderen zich eenzaam kunnen voelen, zelfs als ze niet sociaal geïsoleerd zijn.

Hoe ga je om met isolement en eenzaamheid?

Hoe ga ik om met eenzaamheid?
Ontdek hoe comfortabel u bent in uw bedrijf.

Probeer eerlijk te zijn tegen degenen die je kent.
Langzaam bewegen.
nieuwe relaties opbouwen.
Vergelijk jezelf niet met anderen.
Groetjes.
Meer informatie over logopedie.